EMG4-0025
合唱楽譜＜スタンダード＞

STANDARD
CHORUS PIECE

合唱で歌いたい！ スタンダードコーラスピース

混声4部合唱

交響詩「我が祖国」より

モルダウ

作曲：スメタナ　編曲・訳詞：岩河三郎

•●● 曲目解説 ●●•

スメタナ作曲、連作交響詩「我が祖国」第2曲を合唱に編曲されたこの曲は、長年親しまれ歌い継がれてきた名曲で校内合唱コンクールでも定番です。表情豊かな川の様子をピアノと合唱が絶妙に描写するさまは、聴き手も圧巻。原曲を聴き、作曲の背景をよく理解して歌えば、より深みのある演奏ができるでしょう。

【この楽譜は、旧商品『モルダウ（混声4部合唱）』（品番：EME-C4004）と内容に変更はありません。】

ELEVATO
MUSIC ENTERTAINMENT

交響詩「我が祖国」より

モルダウ

作曲:スメタナ　編曲・訳詞:岩河三郎

11
1.
2.
よ き な が れ は わ が こ こ ろ ー う お ー
お き み な も は い ま も な
よ き な が れ は わ が こ こ ろ ー う お ー な
お き み な も は い ま も な
よ き な が れ は わ が こ こ ろ ー う お ー な
お き み な も は い ま も な
よ き な が れ は わ が こ こ ろ ー う お ー な
お き み な も は い ま も な
mf
16
B
f
ひ は そ そ ぎ ー
は な ひ ら き ー
mf
が れ に や さ し く ひ は そ ー そ ぎ ー さ ざ な み は
る に は き し べ に は な ひ ー ら き ー あ き に は こ
が れ に や さ し く ひ は そ ー そ ぎ ー さ ざ な み は
る に は き し べ に は な ひ ー ら き ー あ き に は こ
が れ に や さ し く ひ は そ ー そ ぎ ー さ ざ な み は
る に は き し べ に は な ひ ー ら き ー あ き に は こ
f
mf

21
C
う た う た い ー い わ に あ た り し
み を む す ぶ ー あ い の か わ よ し
い つ も う た う ー た い ー い わ に あ た り し
が ね の み を む ー す ぶ ー あ い の か わ よ し
い つ も う た う ー た い ー い わ に あ た り し
が ね の み を む ー す ぶ ー あ い の か わ よ し
い つ も う た う ー た い ー い わ に あ た り し
が ね の み を む ー す ぶ ー あ い の か わ よ し
f

26
ff
ぶ き あ げ て う ず を ま く ー
ぶ き あ げ て な が れ ゆ く ー
ff
ぶ き あ げ て う ず を ま く ー
ぶ き あ げ て な が れ ゆ く ー
ff
ぶ き あ げ て う ず を ま く ー
ぶ き あ げ て な が れ ゆ く ー
ff
ぶ き あ げ て う ず を ま く ー
ぶ き あ げ て な が れ ゆ く ー
8va
f
ff

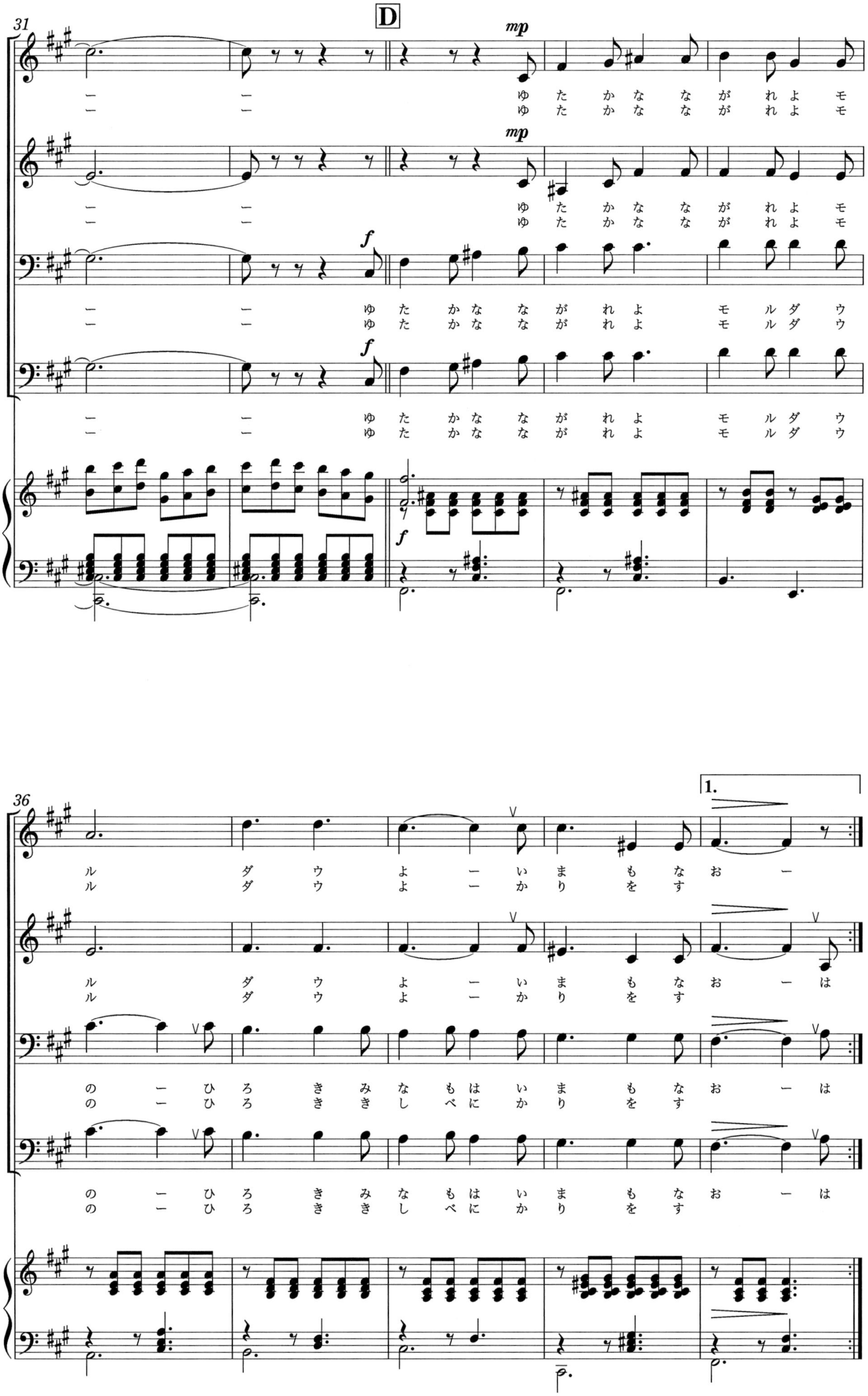
31
D
mp
ー ー ゆ た か な な が れ よ モ
ー ー ゆ た か な な が れ よ モ
mp
ー ー ゆ た か な な が れ よ モ
ー ー ゆ た か な な が れ よ モ
f
ー ー ゆ た か な な が れ よ モ ル ダ ウ
ー ー ゆ た か な な が れ よ モ ル ダ ウ
f
ー ー ゆ た か な な が れ よ モ ル ダ ウ
ー ー ゆ た か な な が れ よ モ ル ダ ウ
f
36
1.
ル ダ ウ よ ー い ま も な お ー
ル ダ ウ よ ー か り を す
ル ダ ウ よ ー い ま も な お ー は
ル ダ ウ よ ー か り を す
の ー ひ ろ き み な も は い ま も な お ー は
の ー ひ ろ き き し べ に か り を す
の ー ひ ろ き み な も は い ま も な お ー は
の ー ひ ろ き き し べ に か り を す

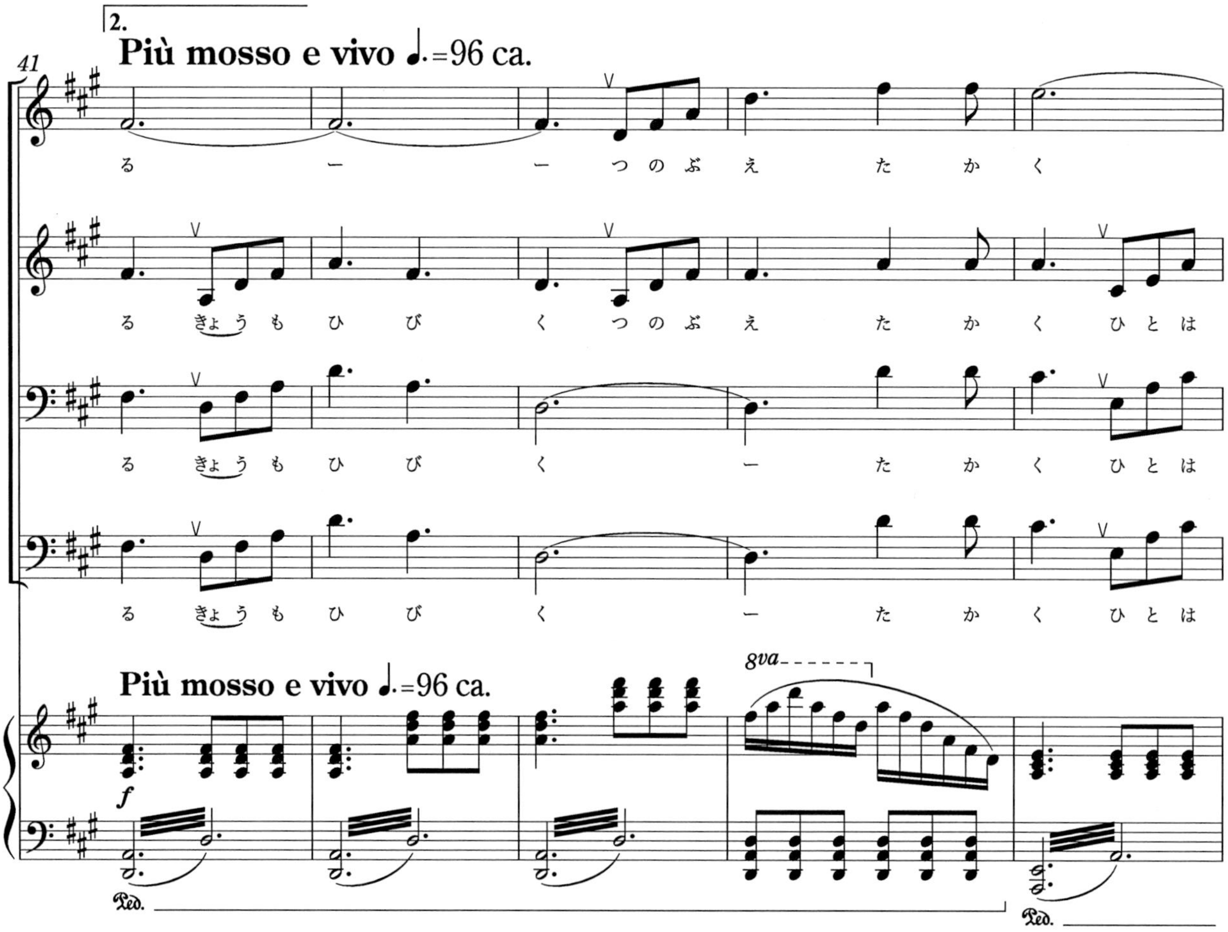
2.
Più mosso e vivo ♩.=96 ca.
41
る ー ー つのぶえ たかく
る きょうもひびく つのぶえ たかく ひとは
る きょうもひびく ー たかく ひとは
る きょうもひびく ー たかく ひとは
Più mosso e vivo ♩.=96 ca.
f
8va
Ped.
Ped.

46
ー ー えものも とめて ー
かける えものも とめて つつのおと
かける もとめて つつのおと
かける もとめて つつのおと
8va
Ped. simile

51
ー もりにこ だ ま し ー ー よろこ
は もりにこ だ ま し きしべ に わ く よろこ
は こ だ ま し きしべ に わ く よろこ
は こ だ ま し きしべ に わ く よろこ
8va
56
ff
び の う た ーラララララ ラ ー
び の う たラララララ ララララララ ラ ー
び の う たラララララ ララララララ ラ ー
び の う た ーラララララ ラ ー
8va
8va
8va bassa

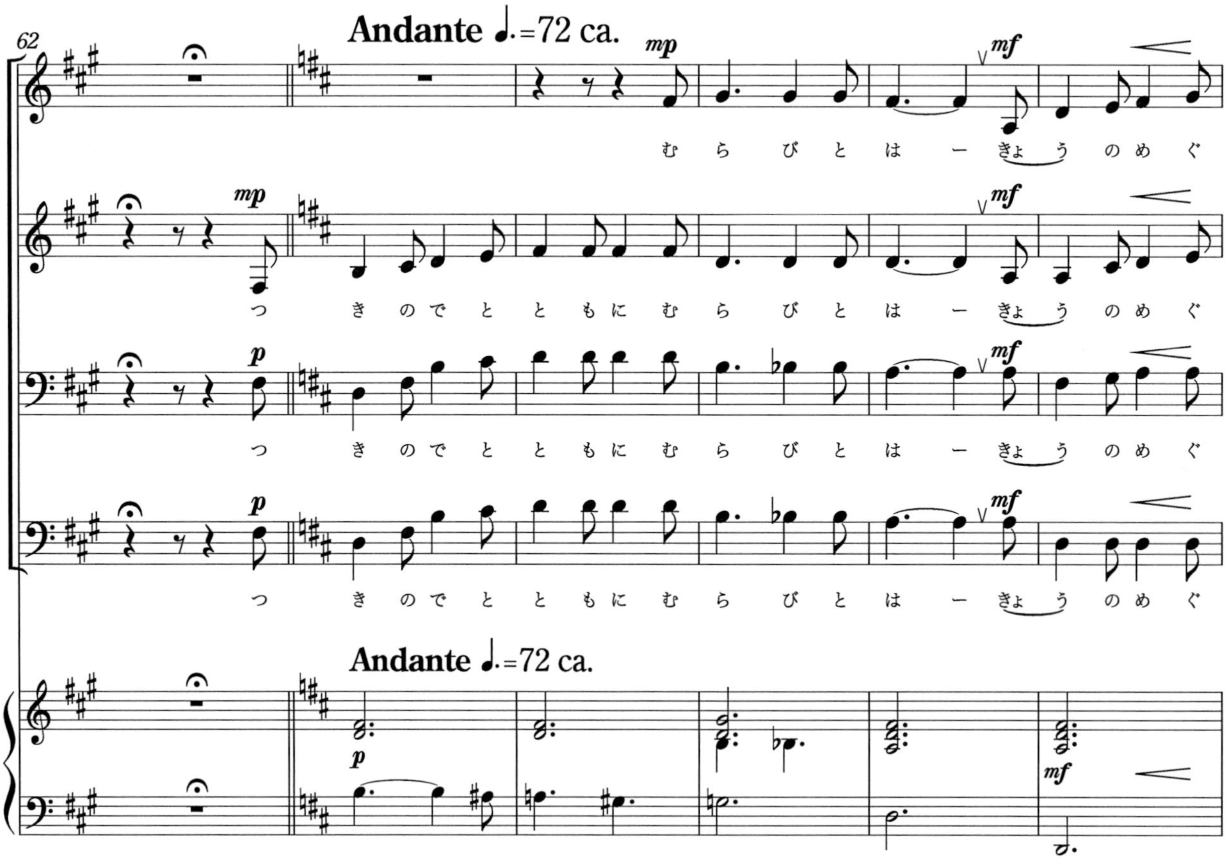
62
Andante ♩.=72 ca.
mp
mf
p
むらびとはーきょうのめぐ
つきのでとともにむらびとはーきょうのめぐ
つきのでとともにむらびとはーきょうのめぐ
つきのでとともにむらびとはーきょうのめぐ
Andante ♩.=72 ca.

68
Allegro con brio ♩.=104 ca.
f
みをいわいおどるーなつかしきかわよ
みをいわいおどるーなつかしきかわよ
みをいわいおどるーなつかしきかわよ
みをいわいおどるーなつかしきかわよ
Allegro con brio ♩.=104 ca.

73
モ ル ダ ウ の ー き し べ に は ー ゆ た か な
モ ル ダ ウ の ー き し べ に は ー ゆ た か な
モ ル ダ ウ の ー き し べ に は ー ゆ た か な
モ ル ダ ウ の ー き し べ に は ー ゆ た か な

78
さ ち が み ち あ ふ れ ー ひ と の こ こ ろ は い
さ ち が み ち あ ふ れ ー ひ と の こ こ ろ は い
さ ち が み ち あ ふ れ ー ひ と の こ こ ろ は い
さ ち が み ち あ ふ れ ー ひ と の こ こ ろ は い

83
つ ま で も ー こ の か わ の な が れ と
つ ま で も ー こ の か わ の な が れ と
つ ま で も ー こ の か わ の な が れ と
つ ま で も ー こ の か わ の な が れ と

88
E
ff
と も に ゆ く わ が ふ る さ と の こ の か わ モ ル ダ ウ
と も に ゆ く わ が ふ る さ と の こ の か わ モ ル ダ ウ
と も に ゆ く わ が ふ る さ と の こ の か わ モ ル ダ ウ
と も に ゆ く わ が ふ る さ と の こ の か わ モ ル ダ ウ

93
accel. e non dim.
f
ff
よ わ が ふ る さ と の こ の か わ モ ル ダ ウ よ
よ わ が ふ る さ と の こ の か わ モ ル ダ ウ よ
よ わ が ふ る さ と の こ の か わ モ ル ダ ウ よ
よ わ が ふ る さ と の こ の か わ モ ル ダ ウ よ
accel. e non dim.
Ped.

98
Meno mosso
Meno mosso
8va
Ped.
Ped.

MEMO

交響詩「我が祖国」より

モルダウ

訳詞:岩河三郎

なつかしき河よ　モルダウの
清き流れは　わが心
うつくしき河よ　モルダウの
青き水面《みなも》は　今もなお

流れにやさしく　陽《ひ》はそそぎ
さざなみはいつも　歌うたい
岩にあたり　しぶきあげて　渦を巻く

豊かな流れよ　モルダウの
広き水面《みなも》は　今もなお

春には　岸辺に花ひらき
秋には　黄金《こがね》の実をむすぶ
愛の河よ　しぶきをあげて　流れゆく

豊かな流れよ　モルダウの
広き岸辺に　狩をする

今日もひびく　角笛《つのぶえ》たかく
人は駆《か》ける　えもの求めて
銃《つつ》の音は　森にこだまし
岸辺に湧《わ》く　よろこびの歌
ラララ　ラララララ

月の出と共に　村人は
今日のめぐみを　祝い　踊る

なつかしき河よ
モルダウの岸辺には
豊かな幸《さち》が　満ちあふれ
人の心は　いつまでも
この河の流れと共にゆく

わがふるさとのこの河　モルダウよ!

ELEVATO
MUSIC ENTERTAINMENT

MEMO

ELEVATO
MUSIC ENTERTAINMENT

MEMO

ELEVATO
MUSIC ENTERTAINMENT

エレヴァートミュージックエンターテイメントはウィンズスコアが
展開する「合唱楽譜・器楽系楽譜」を中心とした専門レーベルです。

ご注文について

エレヴァートミュージックエンターテイメントの商品は全国の楽器店、ならびに書店にてお求めになれますが、店頭でのご購入が困難な場合、当社PC&モバイルサイト・電話からのご注文で、直接ご購入が可能です。

◎当社PCサイトでのご注文方法

http://elevato-music.com

上記のアドレスへアクセスし、WEBショップにてご注文ください。

◎お電話でのご注文方法

TEL.0120-713-771

営業時間内に電話いただければ、電話にてご注文を承ります。

◎モバイルサイトでのご注文方法

右のQRコードを読み取ってアクセスいただくか、
URLを直接ご入力ください。

※造本には十分注意しておりますが、万一、落丁・乱丁などの不良品がありましたらお取り替えいたします。
また、ご意見・ご感想もホームページより受け付けておりますので、お気軽にお問い合わせください。

LOVE THE ORIGINAL
楽譜のコピーはやめましょう